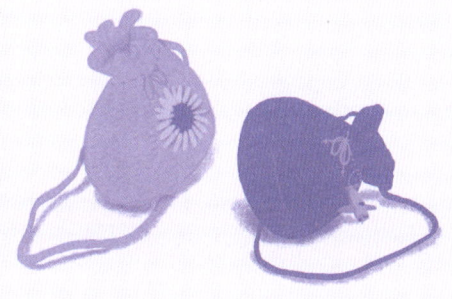

📖 주제
- 예술   · 표현의 자유   · 개성

📖 활용 학년 및 교과 연계

| 초등 과정 | 2-1 국어 | 11. 상상의 날개를 펴요 |
|---|---|---|
| | 3학년 미술 | 1. 나의 친구 미술<br>(4) 자연은 재미있는 놀이터 |
| | 3학년 미술 | 1. 나의 친구 미술<br>(5) 나는야, 디자이너 |
| | 4학년 미술 | 1. 함께 자라는 미술<br>(1) 발견! 생활속 미술 |

# 쌍둥이 남매의 낡은 가방

초등 첫 인문철학왕
# 쌍둥이 남매의 낡은 가방

**초판 1쇄 발행** 2023년 3월 30일

**글쓴이** 박윤경 | **그린이** 이지미 | **해설** 한지희
**기획편집** 이정희 | **편집** 박주원
**디자인** 문지현 김수인 | **생각 실험 디자인** 김윤현

**펴낸이** 이경민 | **펴낸곳** ㈜동아엠앤비
**출판등록** 2014년 3월 28일(제25100-2014-000025호)
**주소** (03972) 서울특별시 마포구 월드컵북로22길 21, 2층
**전화** (편집) 02-392-6901 (마케팅) 02-392-6900 | **팩스** 02-392-6902
**홈페이지** www.moongchibooks.com | **전자우편** damnb0401@naver.com | SNS 🅕 🅘 blog

ISBN 979-11-6363-625-0(74100)

※ 잘못된 책은 구입한 곳에서 바꿔 드립니다.
※ 이 책에 실린 사진은 셔터스톡, 위키피디아, 게티이미지뱅크(코리아)에서 제공받았습니다. 그 밖의 제공처는 별도 표기했습니다.

도서출판 뭉치는 ㈜동아엠앤비의 어린이 출판 브랜드로, 아이들의 지식을 단단하게 만들어 주고, 아이들의 창의력과 사고력을 키워 주어 우리 자녀들이 융합형 사고뭉치와 창의뭉치로 성장할 수 있도록 좋은 책을 만들겠습니다.

# '질문'의 힘! '생각'의 힘!
# '미래 인재'로 가는 힘!

어린이와 학부모님들께 《초등 첫 인문철학왕》을 추천할 수 있어서 매우 기쁩니다. 어린이들이 이 시리즈를 통해 '나'에 대해, 나와 공동체 사이의 소통에 대해, 세상의 이치와 진리에 대해 마음껏 질문하고 생각하기를 바라기 때문입니다. 그렇게 되면 창의적으로 문제를 해결하는 힘 또한 커질 수 있다고 믿기 때문이지요.

'제4차 산업혁명의 시대'라는 말처럼 우리는 모든 것이 혁신적으로 변화하는 시대에 살고 있습니다. 스마트폰, 인공 지능, 첨단 로봇 등 새로운 기술과 지식이 나오는 속도도 이전과 비교할 수 없을 정도로 빨라졌지요. 세상에 넘쳐나는 지식과 정보는 이제 누구나 쉽게 구할 수 있고, 개인의 두뇌에 담아낼 수 있는 용량을 넘어선 지 오래입니다. 결국 이 시대의 아이들에게 필요한 것은 지식보다는 그 지식을 다루는 지혜와 창의성 아닐까요?

7차 교육과정 개정 이후 학교 교육도 이러한 시대 흐름에 맞추어 미래 사회가 요구하는 인문학적 상상력과 과학기술 창조력을 두루 갖춘 창의융합형 인재를 양성하는 것을 목표로 합니다.

'철학'은 '지혜를 사랑하는'이란 뜻을 가진 말입니다. 이 학문은 여러분처럼 모든 것에 호기심 많았던 철학자들로부터 시작됩니다. 아주 오래전부터 인간, 사회, 자연, 우주, 진리 등 다양한 분야에서 다른 사람들보다 더 깊이, 더 많이, 그리고 아주 끈질기게 했던 수많은 질문과 탐구를 하며 만들어졌습니다.

마치 높은 곳에 올라가면 마을 전체를 내려다볼 수 있는 넓은 시야를 얻게 되듯이, 철학을 한다는 것은 하나의 문제를 더 큰 눈으로 볼 수 있게 되는 것이랍니다. 그러면 어떤 점이 좋을까요? 더 넓게 보는 눈, 더 깊이 있게 보는 눈, 다른 사람들이 생각하지 못한 부분들을 상상하고 찾아낼 수 있는 눈이 생깁니다. 또 우리 앞의 문제들을 자신만의 창의적인 방법으로 해결할 수도 있고, 그 문제를 해결하다가 다른 더 큰 문제를 발견하여 미리 처리할 수도 있습니다.

《초등 첫 인문철학왕》은 바로 그러한 생각의 눈을 아주 활짝 열어 줄 것입니다. 주제와 관련된 재미있는 동화, 이와 연결된 깊이 있는 인문 해설과 철학 특강, 창의·탐구 활동 등으로 구성된 시리즈는 아이들이 세상에 넘쳐 나는 지식을 지혜롭게 다루는 힘을 길러서, 문제해결력을 갖춘 창의적 인재로 성장할 수 있게 해 줄 것입니다.

그러니 이 책을 읽으며 여러 분야에서 떠오르는 호기심과 질문들을 혼자만 가지고 있지 말고 친구, 가족과도 나누어 보시길 바랍니다. 모두가 질문하고 생각하는 힘이 생긴다면, 어려운 문제들을 함께 해결해 나가는 공동체를 만들 수 있겠지요?

이 책을 읽는 여러분들 모두, 그런 멋진 공동체를 하나둘 만들어 나가는 지혜로운 미래 인재가 되기를 기대합니다.

이지애 드림
(이화여대 철학과 부교수, 한국 철학교육 학회 회장)

## 구성과 활용

# 초등 첫 인문철학왕
## 이렇게 활용하세요!

### 생각 실험

생각 실험은 어떤 사실을 알기 위해 여러 가지 실험과 사례를 연구하는 것이에요. 철학이나 자연 과학 분야 등에서 널리 사용되는 방법이에요. 권마다 주제에 관련된 실험, 유명한 인물의 사례 등을 읽으며 상상력과 문제 해결력을 키워 보세요.

### 만화 & 동화

인문 철학 주제별로 아이들의 생활 세계 속 이야기, 패러디 동화 등이 다양하게 펼쳐져요. 처음과 중간은 만화, 본문은 그림 동화로 되어 있어서, 재미난 이야기에 푹 빠질 수 있어요.

### 인문철학왕되기

오랫동안 어린이들과 함께 철학 수업을 연구하고 진행해 온 한국 철학교육연구원 소속 교수와 연구진들이 집필했어요.

**소쌤의 철학 특강, 인문 특강, 창의 특강**으로 구성되었어요. 주제와 이야기 안에 숨겨진 철학적 문제들에 대해 함께 답을 찾아갈 수 있도록 깊이 있는 토론과 특강, 그리고 재미있는 활동으로 구성되었어요.

난 질문하는 **소크라테스**! 문제를 해결할 수 있도록 도와주지!

난 **뭉치**. 같이 생각하고 토론하지!

난 늘 창의적인 **새롬**이!

난 생각이 깊은 **지혜**!

### 교과 연계

각 권마다 최신 개정 교과서 단원과 연계되어 교과 학습에 도움이 되도록 구성되었어요. 권별로 확인하세요.

## 이 책의 차례

추천사 ...... 4
구성과 활용 ...... 6

**생각 실험** 예술과 낙서의 차이는 무엇일까? ...... 10

**만화** 재미있거나 무섭거나 미술관 ...... 20

**예쁜 게 최고야** ...... 22
- 인문철학왕되기1  오래되고 낡은 것이 더 소중할 때도 있어!
- 소쌤의 인문 특강  평소와 다르게 세상을 보기

**따라 그린 작품이 대상이라고?** ...... 38
- 인문철학왕되기2  같은 것을 다르게 표현해 보자!
- 소쌤의 철학 특강  시대에 따라 변화하는 예술

| 만화 | 고운이와 다름이의 생일 파티 | 64 |

## 낯설지만 새로워 — 70

- **인문철학왕되기3** 감동과 공감이 곧 아름다움이지!
- **소쌤의 창의 특강** 많은 사람들이 함께 즐기는 공공 미술

## 우리는 예술가 — 92

- **인문철학왕되기4** 만일 나라면?
- **창의활동** 전시물에 이름 붙여 보기

## 예술과 낙서의 차이는 무엇일까?

'얼굴 없는 화가' 뱅크시(1974~)는 이른 새벽 시내에 나타나 건물 벽이나 지하도 같은 곳에 몰래 그림을 그리고 사라지는 것으로 유명합니다.

뱅크시의 작품은 그가 작업을 마치고 찍은 사진을 공식 웹사이트에 올리는 식으로 사람들에게 알려집니다. 그는 얼굴을 가린 채 작업하는 과정을 직접 촬영해서 공개하기도 했습니다.

그림 속 주인공은 로스앤젤레스의 모텔에서 뱅크시의 방을 청소해 준 미화원이래!

뱅크시의 열렬한 팬이자 그에 관해 책을 쓴 한 사진가는 뱅크시가 그린 위의 벽화를 자신이 세상에서 가장 먼저 감상했다고 말했습니다. 뱅크시가 막 작업을 마친 걸 우연히 본 것이지요. 아마 그는 자신을 굉장히 운 좋은 사람으로 여겼을 겁니다.

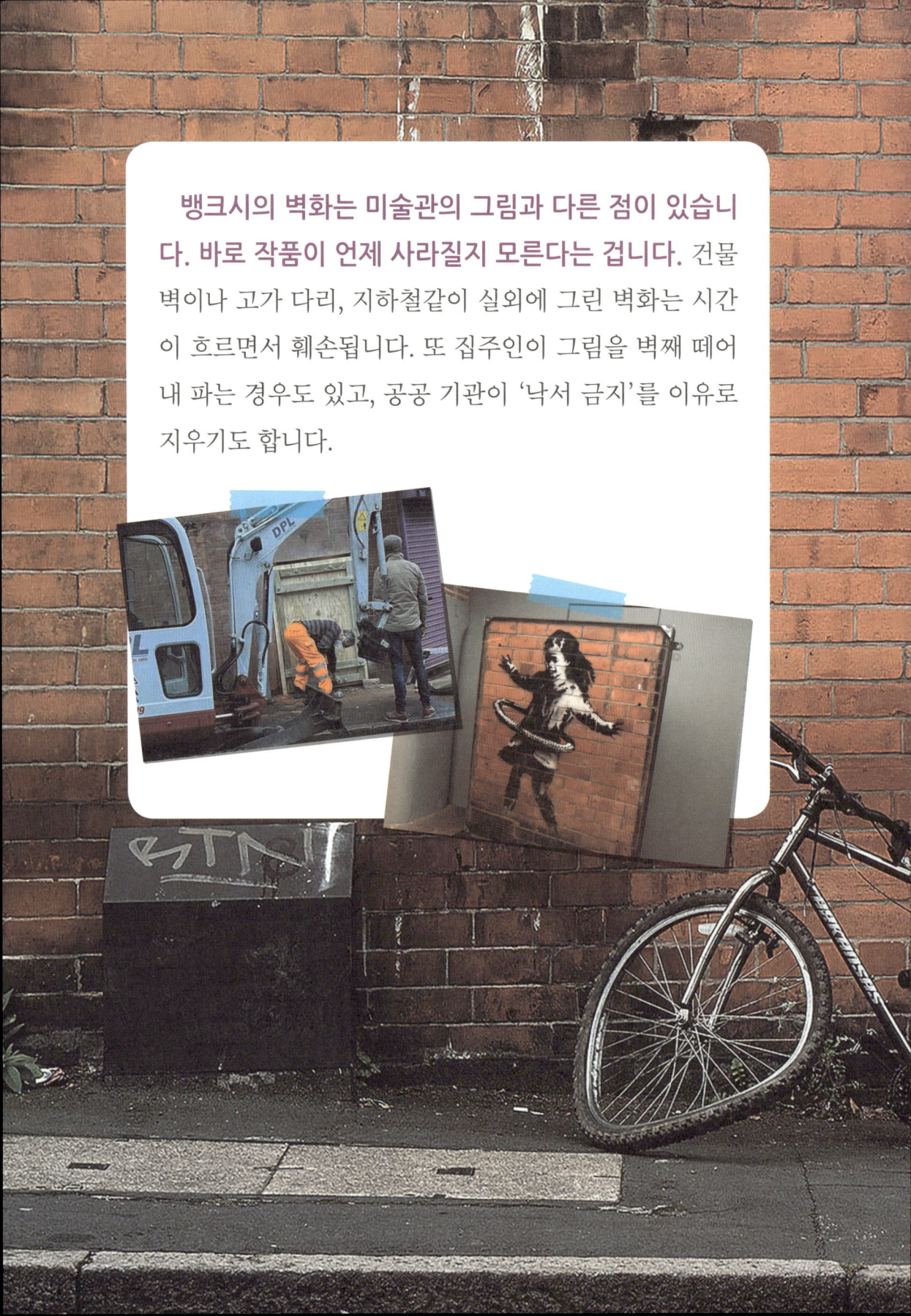

뱅크시의 벽화는 미술관의 그림과 다른 점이 있습니다. 바로 작품이 언제 사라질지 모른다는 겁니다. 건물 벽이나 고가 다리, 지하철같이 실외에 그린 벽화는 시간이 흐르면서 훼손됩니다. 또 집주인이 그림을 벽째 떼어 내 파는 경우도 있고, 공공 기관이 '낙서 금지'를 이유로 지우기도 합니다.

2020년, 뱅크시는 런던 지하철 객차 안에 새 작품을 선보였습니다. 쥐와 같은 동물이 퍼뜨리는 바이러스를 막기 위해 마스크를 쓰자는 내용의 그라피티 아트였습니다.

뱅크시는 작업 과정을 자신의 에스엔에스(sns)에 영상으로 올렸어.

하지만 지하철을 관리하는 런던 교통국은 **뱅크시가 공공시설에 낙서를 했다는 이유로 그림을 지워 버렸지요.**

영국의 옛 형무소 외벽에 그린 뱅크시의 작품 <탈출 만들기>(Create Escape, 2021)

**뱅크시의 그림은 예술이 우리 생활과 가까이 있다는 사실을 알려 줍니다.** 하지만 **그의 그림이 단지 낙서라고 말하는 사람들도 있습니다.** 실제로 뱅크시는 작업을 하다가 공공시설을 훼손했다는 이유로 경찰에 끌려간 적이 있습니다.

여러분은 뱅크시의 그라피티를 지운
런던 교통국의 결정에 찬성하나요?

NO! 뱅크시의 그림이 있는 지하철을 타는 건 생각만 해도 신나는 일이야. 굳이 미술관에 가지 않아도 좋은 작품을 만날 수 있으니 얼마나 좋아.

YES! 지하철은 여러 사람이 함께 이용하는 공간이야. 공공장소에 그림을 그리는 건 다른 사람들에게 피해를 줄 수 있어.

꽃다발을 던지는 남자(2003)

## 예쁜 게 최고야

"없는 거 빼고 다 있으니 천천히 구경하세요."

커다란 현수막이 걸려 있는 이곳은 중고 물품을 사고파는 곳이에요. 며칠 전 텔레비전에서 이곳이 소개되었어요. 다름이가 졸라서 억지로 따라온 곳이라 고운이는 계

없는 거 빼고 다 있으니
천천히 구경하세요

속 뚱한 표정만 짓고 있어요.

"고운아, 이것 좀 봐."

그냥 지나치려는 고운이를 다름이가 불렀어요. 고운이는 다름이가 들고 있는 물건을 보았어요. 아주 낡은 놋그릇이었어요. 한눈에 보아도 덕지덕지 때가 끼고, 먼지가 묻어 공짜로 준다고 해도 싫다고 할 정도였지요.

"너는 골라도 어떻게 그런 걸 고르니?"

고운이는 다름이가 들고 있는 놋그릇에서 얼른 눈길을 돌렸어요. 고운이 눈에는 시장에 있는 모든 게 낡고 지저분해 보였거든요.

앞장서 걷는 고운이와 달리 다름이는 하나하나 꼼꼼히 살펴보느라 시간이 오래 걸렸어요.

"어, 이건 예쁘게 생겼네."

고운이는 깨끗하고 화려하게 생긴 꽃병 앞에 섰어요. 꽃병을 이리저리 살펴보는데 다름이가 다가왔어요.

"이런 건 너무 평범하잖아. 마트에서도 볼 수 있고."

"내가 보기엔 네가 고른 것보다 훨씬 좋아 보이거든."

다름이는 놋그릇을, 고운이는 꽃병을 사서 집으로 돌아왔어요.

고운이는 사 온 꽃병을 물로 깨끗하게 닦아서 방으로 가져왔어요. 그런데 고운이의 책상이 나가기 전과 달리 마구 어질러져 있었어요. 책상 위에 있던 흰색 물감도 보이지 않았어요.

"남다름!"

다름이를 부르는 목소리가 온 집 안에 울렸어요.

"남다름!"

고운이는 다시 한번 큰 소리로 다름이를 불렀어요. 그제야 다름이가 어슬렁거리며 나타났지요.

"내 물건 가져가지 말라고 했지?"

"이거 찾는 거야?"

다름이는 하얀색 물감을 쓱 내밀었어요. 고운이 얼굴은 금방이

라도 터질 듯한 풍선 같았어요.

"일부러 그런 게 아니라, 내 것 찾다가 없어서……."

다름이가 우물쭈물 변명을 하려는 순간, 고운이의 책상이 눈에 들어왔어요. 필기도구와 물감이 흩어져 있었지요.

"미안, 금방 정리하려고 했는데."

다름이가 책상 앞으로 다가서자 고운이는 다름이 손에서 물감을 뺏었어요.

"경고야! 이젠 절대로 봐주지 않을 거야."

고운이는 으름장을 놓고는 물건들을 정리하기 시작했죠.

"좀 어질러질 수도 있지. 그리고 정말 치우려고 했어. 내 책상보다 백 배는 깨끗한데 너무 유난이잖아."

다름이는 머쓱해져서 말했어요.

그러나 이럴 때는 아무 소리 없이 방을 나가는 게 최선이라는 것도 알고 있지요. 곧이어 고운이의 폭풍 잔소리가 시작될 테니까요.

"한두 번도 아니고."

고운이는 화가 나서 물건들을 정리하고 벽에 걸려 있는 상장을 쳐다보았어요. 모두 그림 대회에서 받은 것들이에요.

　상장을 보자 기분이 좋아진 고운이는 스케치북을 펼쳤어요. 스케치북에는 그동안 그린 그림들이 담겨 있었어요. 예쁜 것을 좋아하는 성격처럼 그림도 예쁘고 깔끔해요.

　며칠 전 가족끼리 놀러 간 바닷가 풍경은 아직 완성이 안 되었어요. 고운이는 휴대폰을 꺼내 바다에 간 날 찍었던 사진들을 보았어요.

　"남다름은 꼭 이런다니까."

　다름이가 사진마다 괴상한 표정을 지어서 멋진 사진이 아니라 웃긴 사진이 되고 말았어요.

　"남다름, 도대체 나랑 닮은 구석이 하나도 없어. 어떻게 우리가 쌍둥이야?"

　고운이와 다름이는 이란성 쌍둥이예요. 쌍둥이라고 말하기 전에는 전혀 눈치채지 못할 정도로 얼굴도 성격도 닮지 않았어요.

　고운이는 거울에 비친 자기 모습을 들여다보았어요.

　"눈, 코, 입."

　거울을 보다 고개를 절레절레 흔들었어요.

　"없어, 없어. 이렇게 안 닮을 수가 있냐고!"

고운이는 다시 휴대폰에 있는 사진을 살펴봤어요.

"이게 좋겠다."

고운이는 맑은 하늘과 꽃이 있는 사진을 놓고 색칠을 시작했어요.

"저기, 고운아."

다름이가 고운이 방에 들어서며 작은 소리로 말했어요.

"나, 파란색 물감."

고운이가 휙 고개를 돌렸어요.

"잃어버린 거 아니고, 바닷가 색칠하다 보니 다 쓴 거야. 문구점에 가기엔 좀 늦은 시간이고."

다름이는 고운이가 뭐라고 대꾸하기 전에 얼른 그림을 보여 주었어요. 아직 물기가 마르지 않아 젖어 있는 스케치북에는 파랗고 진한 남색의 물감이 여기저기 묻어 있었어요.

고운이는 한마디 하려다가 그만두었어요. 거짓말은 아니었으니까요. 고운이는 파란색 자기 물감을 건네주었어요.

다름이가 웃으며 고맙다고 했어요. 평소에 아웅다웅해도 헤벌쭉 웃는 다름이 얼굴을 보면 고운이는 웃음이 났어요.

"역시, 누나가 최고라니까!"

넉살 좋은 다름이는 꼭 이럴 때만 고운이에게 누나라고 불러요.

"근데 넌 뭘 그린 거야?"

"우리 놀러 갔던 바닷가잖아."

"이게 우리가 갔던 바다라고?"

고운이는 아직 완성되지 않은 자기 그림을 꺼내 다름이 그림과 비교했어요.

휴대폰에 있는 사진도 보여 주었지요.

"봐, 이 사진 속 풍경이랑 같은 데가 하나도 없잖아."

딱 봐도 다름이와 고운이가 그린 그림은 전혀 달랐어요.

"왜 똑같이 그려야 하는 거야?"

다름이는 고운이의 그림과 사진을 보며 물었어요.

"풍경 사진이니까 그때의 풍경을 그려야지."

"난 그때의 내 마음을 그린 거야."

고운이는 다름이 그림을 다시 들여다보았어요.

완성되지 않았지만 파란색과 짙은 남색이 여기저기 얼룩덜룩하게 색칠되어 있는 바다는 예쁜 바다와는 거리가 멀었어요. 오히려 바다 여기저기 쓰레기를 버려 놓은 것처럼 지저분해 보였어요.

"뭐가 뭔지 모르겠어, 지저분하고. 바다 위에 둥둥 떠다니는 건 뭐야?"

"쓰레기들이야."
"우리가 바다에 놀러 갔을 때는 물도 맑고 깨끗했잖아. 쓰레기는 하나도 없었어."

아픈 바다
남다름

"우리 쪽만 그랬지, 반대쪽은 안 갔잖아. 나는 반대쪽도 갔는걸. **그곳은 쓰레기가 많아서 지저분했어. 바다에 마음이 있으면 슬프겠다는 생각이 들었어. 여기저기 찍힌 얼룩은 바다의 눈물이야.**"

"바다의 눈물?"

고운이는 다름이가 한 말을 따라 했어요.

"아무래도 이름 때문인 것 같아. 넌 나랑 너무 달라."

"달라야 재미있지. 우리처럼."

다름이는 이 말을 하고는 방에서 나갔어요.

"예쁜 바다가 훨씬 더 좋아."

고운이는 자기 그림을 가만히 들여다보다 좀 전에 하다 만 덧칠을 다시 시작했어요.

맑은 하늘과 알록달록한 꽃을 칠했어요. 무지개색의 그림을 보고 있으니 다시 바다에 간 것마냥 기분이 좋아졌어요.

"예쁘니까 너무 좋잖아."

고운이는 그림이 마음에 들었어요.

# 인문철학 왕 되기 1

# 오래되고 낡은 것이 더 소중할 때도 있어!

낡고 오래된 것에 숨겨진
의미는 과연 무엇일까요?

우표 수집가들에게 가치 있는 우표가 뭐게? 어떤 우표는 실수로 원래 색이 아닌 다른 색으로 인쇄되어서 가격이 엄청나게 뛰었대. 구하기 힘든 한정판이 된 거지.

누가 실수하는 바람에 흔한 우표가 비싼 우표가 되었다니. 희귀한 게 값진 것이라는 말이군.

우리는 예쁘고 멋진 '신상'을 좋아하지만 여전히 오래되고 낡은 것들을 소중하게 생각하기도 하는 것 같아. 우리 집 서재에는 '추억의 서랍'이 있는데 거기에는 내가 아기였을 때 사진이랑 엄마가 어릴 적 사용했던 낡은 교과서 같은 것들이 들어 있어.

그러고 보니 중고 가게에서 고운이가 꽃병을, 다름이가 놋그릇을 고른 이유를 알 것 같아. 둘은 물건을 보고 중요하게 생각하는 가치가 각자 달랐던 거야.

## 소쌤의 인문 특강

## 평소와 다르게 세상을 보기

왼쪽과 오른쪽 모두 비슷한 생김새의 오리가 있지? 왼쪽은 아기 장난감용 고무 오리이고, 오른쪽은 '러버 덕(Rubber Duck)'이라는 이름의 대형 고무 오리 조형물이야. 네덜란드의 설치 미술가인 플로렌타인 호프만이 제작한 것으로, 2007년 프랑스를 시작으로 전 세계 많은 곳에서 전시되고 있단다. 생활용품인 노란 고무 오리가 예술 작품이 되었다니, 신기하지 않니?

목욕용 고무 오리

석촌 호수에 나타난 러버 덕

오리와 칫솔, 변기가 모두 예술로 재탄생했다고?

훌륭한 예술가는 같은 걸 다르게 볼 수 있는 사람이란다. 이뿐만 아니라 **예술 작품을 감상했던 사람들도 평소와 다른 방식으로 세상을 볼 수 있도록 도와주지.** 일상 속 물건이 예술로 탈바꿈한 사례는 여러 가지가 있어.

오크 스트리트 비치에 설치되었던 마리나 데브리스의 작품

뒤샹의 <샘>

위의 그림도 한번 살펴보자.
두 그림 모두 일상 속 소재를 예술 작품으로 만들었지.
여기에는 어떤 의미가 담겨 있을까?

첫 번째 사진은 해변에 버려진 조끼, 드레스 등으로 만든 작품이야. 저렇게 모아 놓으니 바다 오염이 얼마나 심각한지 한눈에 보이지 않니?
두 번째의 변기 사진은 뒤샹의 <샘>이라는 작품이야. 뒤샹은 원래 화장실에 있던 변기를 뒤집은 다음 거기 서명을 해 놓고 전시회에 출품했지. 당시의 작품 <샘>은 쓰레기인 줄 알고 버려졌어. 하지만 이후 작품이 크게 주목받자, 뒤샹이 복제품을 만들었단다.
지금은 세계 곳곳의 미술관에 전시되고 있어. 변기를 예술 작품으로 내놓은 뒤샹의 생각은 무엇이었을까?

## 따라 그린 작품이 대상이라고?

오늘은 미술 대회가 있는 날이에요. 고운이와 다름이는 함께 대회장으로 들어갔어요.

"와, 참가자가 많다."

대회장이 야외에 있어서 왠지 소풍을 온 기분이었어요.

다름이는 대회 참가가 처음이라서 다 낯설고 신기했어요. 대회장은 경쾌하게 울리는 음악 소리와 사람들의 웅성거림으로 소란

했어요.

고운이는 다름이와 달리 미술 대회에 여러 번 나가 본 경험이 있지만 야외에서 하는 대회는 처음이었어요. 나무와 꽃이 많은 야외에서 그림을 그린다고 생각하니 더 잘 그릴 수 있을 것 같은 기분이 들었어요.

이번 대회는 다른 대회와는 달랐어요. "그림을 좋아하는 사람들은 편한 복장과 설레는 마음, 그릴 때 필요한 재료만 들고 오세요."라고 되어 있었죠.

고운이와 다름이는 물감을 들고 왔는데 파스텔이나 사인펜을 가지고 온 아이들도 있었어요.

"넌 그 가방을 왜 그렇게 좋아해?"

고운이는 자기가 들고 있는 새 가방과 다름이가 들고 있는 낡은 가방을 번갈아 보며 말했어요.

"할머니가 만들어 주신 거잖아. 난 이 가방이 좋아. 할머니랑 항상 같이 있는 것 같아서."

고운이도 다름이가 들고 있는 가방을 잘 알고 있어요.

고운이와 다름이가 학교에 처음 입학했을 때 할머니가 만들어 주신 거예요. 고운이도 처음에는 잘 들고 다녔는데 어디서 잃어버렸는지 지금은 갖고 있지 않아요.
 덜렁거리는 다름이는 물건을 잘 잃어버리면서도 할머니가 만들어 준 천 가방은 지금까지도 잘 들고 다녀요. 이제는 많이 낡았는데도 준비물 가방으로 항상 가지고 다니지요.
 '내 가방은 어디에 두었더라?'

고운이는 가방을 어디에 두었는지 도무지 떠오르지 않았어요. 한참 생각에 잠겨 있는데 어디선가 요란한 소리가 들렸어요.

"여러분, 만나게 되어 무척 기쁩니다."

음악 소리가 그치자 빨간 라운드 티셔츠에 청바지를 입은 심사원 아저씨가 환영 인사를 했어요.

"저는 여러분들처럼 그림을 좋아하는 사람입니다. 여러분들이 자신의 생각을 저만의 방식대로 표현하면 저는 그걸 기쁜 마음으

로 바라보지요. 그러니 그림을 평가하는 대회가 아니라 즐기는 시간이 되었으면 좋겠습니다. 부디 이 시간이 기분 좋은 경험이 되길 바랍니다."

대회 관계자들도 모두 편안한 차림이었어요.

"주제는 자유입니다. 이곳을 돌아다니면서 느끼는 감정이나 풍경을 자유롭게 그려 주세요. 시간도 제한을 두고 싶지 않지만 심사할 시간이 필요하기 때문에 정해진 시간 안에 제출

해야 합니다. 그리고 대회가 끝나면 옆 공원에서 공연이 있습니다. 공연이 끝나면 시상식도 있으니 그때 다시 만나기로 해요."

커다란 공원이 양 옆으로 있고, 대회에 참가하는 학생들은 오른쪽, 같이 온 가족들이나 친구들은 왼쪽 공원에서 시간을 보내게 되었어요.

"고운아, 저기 공원 멋지다. 공연도 하나 봐."

왼쪽 공원에는 공연장이 있고 차 마시는 곳과 휴게 공간도 마련되어 있었어요.

"그러게, 대회가 아니라 놀러 온 것 같아."

"나도 같은 생각."

다름이와 고운이는 서로를 보고 웃었어요.

"넌 뭐 그릴 거야?"

그림 그릴 종이를 받아 오면서 고운이가 다름이에게 물었어요.

"몰라."

"그래도 대회인데 뭘 그릴지 생각해야지."

"난 여기가 너무 좋아. 우선 돌아다니다가 무언가 생각나면 그때 그릴 거야. 아까 저 아저씨도 즐기라고 했잖아. 여기를 마음껏 돌아본 후에 느낀 것을 그리라고."

고운이는 대회에 온 아이들의 모습을 살펴보았어요. 다름이 생각처럼 여기저기 돌아다니는 아이도 있고, 벌써 자리에 앉아 그림을 그리는 아이도 보였어요.

고운이는 다름이와 공원을 둘러보기로 했어요.

"와, 저거 봐. 분수가 옆으로 되어 있어."

다름이가 가리키는 곳에 있는 건 분명히 분수였어요. 그런데 위로 물이 솟구치는 분수가 아니라 옆으로 물줄기가 뻗어 나왔어요.

옆으로 솟는 물줄기를 따라 꽃과 작은 나무들을 심어 놓았고, 그 길을 따라가면 조각 공원이 있었어요. 조각상이 곳곳에 있었는데 예쁜 공원에 어울리지 않게 무시무시하거나 기괴하게 생긴 것도 여럿이었어요.

"왜 이렇게 이상하게 생긴 걸 전시한 거야?"

고운이는 조각상이 마음에 들지 않았어요.

"저쪽으로 가자, 저기도 뭐가 있는데."

고운이는 다름이처럼 더 돌아다니고 싶은 마음도 들었지만 그러다가 시간 안에 그림을 내지 못할까 봐 불안했어요.

그리고 마침 마음에 드는 장소도 발견했지요.

"너도 얼른 시작해. 완성하지 못하면 어쩌려고?"

"난 더 돌아다닐 거야. 여기 진짜 신기한 것이 많아."

"그럼, 네 맘대로 해. 대신 방해하지 마."

고운이는 딱 잘라 말하고는 마음에 드는 곳에 자리를 잡았어요. 고운이와 같은 생각을 한 아이들 몇이 벌써 근처에 자리를 잡고 앉아서 그림을 그리고 있었어요. 초등학생 전 학년을 대상으로 한 대회여서 고운이보다 나이 많은 언니와 오빠들도 있었어요.

얼른 자리를 잡고 앉아 색을 칠하는데 물 조절을 잘못해서 그림이 번졌어요.

'안 되겠다. 다시 그려야겠어.'

고운이는 대회를 진행하는 곳으로 가서 종이를 새로 받았어요. 종이도 마음대로 사용할 수 있어서 틀리면 다시 그리면 되니까 마음이 좀 놓였지요.

종이를 가지고 오면서 고운이는 눈으로 다름이를 찾았지만 보이지 않았어요.

"얘는 도대체 어디에 있는 거야?"

고운이는 자리로 돌아와 다시 스케치를 시작했어요.

'집중하자, 남고운.'

다행히 스케치도 처음에 했던 것보다 더 마음에 들었어요.

"색칠만 잘하면 돼. 실수하지 말자."

혼잣말을 하며 천천히 색을 칠했어요.

"고운아."

다름이 목소리가 들렸어요. 다름이는 빈손으로 덜렁덜렁 뛰어왔어요.

"그림은?"

"벌써 제출했지. 넌 아직이야?"

다름이는 완성하지 못한 고운이 그림을 보았어요.

"잘 그렸다. 나무들이 살아 있는 것 같아."

고운이는 남은 부분을 색칠하고 물감이 마르기를 기다렸어요.

"너 공원 끝까지 안 가 봤지? 그림 제출하고 가 보자. 아주 재미있는 거 있어."

제출하는 곳에 가니 벌써 많은 그림들이 놓여 있었어요.

"잘 그린 그림들이 너무 많아."

고운이가 걱정스럽게 말했어요.

"너도 잘 그렸어. 그리고……."

"알았다고, 대상이 뭐가 중요하냐고 말할 거잖아?"

고운이는 다름이의 말을 가로막았어요.

"넌 어떤 거 그렸어?"

고운이는 다름이가 그림을 빨리 제출한 것도 신기하고, 어떤 그림을 그렸는지도 궁금했어요.

"내가 그린 거 보여 줄게. 가자."

"와, 여긴 또 다르네."

다름이가 고운이를 데리고 간 곳은 고운이가 있던 장소와 다른 느낌이었어요. 혹시 시간 안에 제출 못할까 봐 이곳까지는 안 왔는데 조각상이 가득 있었어요.

"어, 이게 뭐야?"

고운이가 조각상을 둘러보더니 말했어요.

"신기하지?"

다름이는 이렇게 말하고 조각상 맨 끝에 서더니 자기도 조각상처럼 포즈를 잡고 섰어요.

"나도 작품 같지?"

다름이의 말에 고운이는 어이가 없었어요. 그러나 더 이해가 안 되는 건 조각상이 하나의 작품을 조금씩 변형해서 만들었다는 것이었어요.

"이건 유명한 조각가의 작품이잖아."

텔레비전 광고에도 나온 적이 있어서 고운이도 잘 알고 있는 조각상이었어요. 그런데 조각가의 작품은 하나인데 표정과 동작만 다른 게 여러 개 놓여 있었어요.

조각상뿐만 아니었어요. 이곳에 전시된 그림들은 원래 화가의 그림 말고도 화가의 그림을 비슷하게 그려 놓은 것이 많았어요. 고운이는 자기가 알고 있는 그림이 맞는지 그림 앞에 서서 자세히 들여다보았어요.

"넌 어떤 게 마음에 들어?"

다름이가 그림 앞에 서 있는 고운이에게 다가와 물었어요.

"난 이런 거 싫어."

"이런 거라니?"

"원래의 작품을 따라 그린 거잖아. 자기가 스스로 생각해서 그려야지. 왜 따라 그려."

고운이는 작품에 적혀 있는 제목을 보았어요. 그림과 전혀 어울리지 않는 제목도 있었어요.

"내가 그림을 그린 작가라면 너무 화가 날 것 같아."

"왜 화가 나? 오히려 자기 것을 다른 사람들이 다시 그려 주면 좋은 거 아니야? 그만큼 인기가 있는 거니까."

"그게 말이 돼? 비슷하게 바꿔서 그린 거잖아. 이건 반칙이지."

다름이가 고운이의 얼굴을 보았어요.

"나도 이 그림을 따라서 그렸는데."

"뭐라고? 너도 따라서 그렸다고?"

"따라서 그린 게 아니라 이 작품을 보고 들었던 내 생각을 그린 거야."

"그게 그거지."

고운이는 원래의 작품을 다시 그리는 게 이상했어요. 더구나 웃는 표정을 우는 표정으로 바꾸거나, 머리 모양을 이상하게 바꾸거나, 알록달록한 색깔을 칙칙하게 바꾸거나 한 작품들은 예쁘지도 멋있지도 않았어요.

'이런 좋은 곳에 왜 못생긴 걸 전시한 거야?'

고운이는 예쁘게 산 옷에 얼룩이 묻은 것처럼 화가 났어요.

그때 대회를 마치는 안내 방송이 들렸어요.

"여러분들, 즐거운 시간이었나요? 그림을 심사하는 동안 옆 공원으로 이동해서 공연을 즐겨 주시기 바랍니다."

다름이와 고운이는 공원으로 갔어요. 대회에 참가한 아이들의

가족들은 휴게실과 카페에 모여 있다가 공연장 앞으로 왔어요. 고운이와 다름이 부모님은 일이 있어 대회장까지 데려다 주고 대회 끝나는 시간에 오시기로 했어요.

공연이 시작되었어요.

"와, 대박!"

다름이의 목소리가 커졌어요.

고운이도 깜짝 놀랐어요. 음악 소리가 엄청 컸어요.

다름이는 음악에 맞춰 춤을 추었어요. 오늘 중 제일 신나 보이는 모습이어서 고운이도 기분이 덩달아 좋아졌어요.

"너무 멋지다. 이런 공연 처음 봐."

다름이는 소리를 지르며 몸을 움직였어요. 공연을 구경하는 사람들도 모두 즐거운 표정이었어요.

"앞에 나와 노래 하실 분 계신가요?"

노래를 부른 가수가 공원에 있는 사람들을 향해 물었어요.

"저요!"

다름이가 손을 번쩍 들었어요. 그러자 한 명, 두 명 손을 들었어요.

"손든 분 앞으로 나와 주세요."

다름이는 부리나케 앞으로 달려 나갔어요.

사람들이 모두 박수를 치며 소리를 지르자, 다름이는 신이 났는지 빙글빙글 돌기도 하고 발도 쾅쾅 구르며 노래를 불렀어요. 그 뒤로도 아이부터 어른까지 노래를 부르고 싶은 사람들은 누구나 앞으로 나왔어요.

'저런 용기는 어디서 나오는 걸까?'

고운이는 앞에 나가서 춤을 추고 노래를 부르는 다름이를 보며 생각했어요.

"여기 오길 정말 잘했다. 그치?"

공연이 끝났는데도 다름이는 아직도 흥분이 가라앉지 않은 것 같았어요.
"여러분."
처음에 대회의 시작을 알렸던 심사 위원의 목소리가 들렸어요.
"공연도 대회도 모두 행복하게 마무리가 되는 것 같습니다. 대회에 참가한 여러분에게 다시 한번 감사 인사를 드리며, 시상을 시작하도록 하겠습니다."

고운이는 긴장이 되었어요. 다름이는 이 시간이 그냥 즐거운 표정이었어요.

연주자들이 한 번 더 신나게 연주를 했어요. 흥겨운 음악 소리가 그치자 시상이 시작되었어요.

"오늘 참가자들의 그림을 보며 무척 흥미롭고 행복했습니다. 그중 가장 좋았던 마지막 수상자는 바로…… 남다름 학생입니다."

고운이는 깜짝 놀랐어요. 놀란 건 다름이도 마찬가지였어요.

"남다름 학생, 앞으로 나와 주세요."

다름이를 찾는 목소리가 다시 들리자 다름이는 얼떨떨한 표정을 지으며 앞으로 나갔어요. 사람들이 박수로 축하해 주었어요.

"감사합니다."

다름이는 다른 말이 생각나지 않아 감사하다는 인사만 여러 번 했어요.

"남다름 학생의 그림은 이름처럼 달랐어요. 이곳을 살펴보고 든 생각을 자유롭게 잘 표현해 주었어요. 대부분의 참가자들이 이곳의 풍경을 그렸는데 다름 학생은 다르게 생각하고 관찰하는 게 중요하다는 걸 보여 주었어요."

심사 위원이 다름이에게 그림을 건네자 다름이는 부끄럽다는 듯 그림을 들어 올렸어요.

'저게 대상이라고?'

고운이는 다름이의 그림이 예쁘지도, 잘 그린 그림 같지도 않았어요. 다름이의 그림은 조각 공원 옆에 두면 잘 어울릴 것 같은 또 다른 조각상같이 보였어요. 좀 전에 다름이가 고운이에게 했던 포즈와 똑같이요.

고운이는 기분이 좋지 않았어요. 다름이는 상을 받았다고 자랑하지 않았지만 고운이는 그게 더 기분 나빴어요.

## 인문철학 왕 되기

① **2** ③ ④

# 같은 것을 다르게 표현해 보자!

아래 두 그림이 같은 풍경을 보고 그린 거라고요?

귀스타브 쿠르베(1819~1877),
<폭풍우 치는 바다>

하워드 호지킨(1932~2017),
<수영>

우리도 다름이처럼 보고 느낀 것을 색다르게 표현해 볼까? 먼저 그림에 관해 간략히 설명해 주마. 왼쪽 그림을 그린 화가는 쿠르베란다. 그는 자신의 눈으로 본 것만 그리겠다는 말로 유명하지.

자기 생각이 분명한 사람이었군요. 쿠르베는 자신이 본 것을 정확히 그리려고 그랬던 건가요?

그럼 오른쪽 그림은요? 풍경을 그대로 그리지는 않은 것 같아요.

그렇지. 쿠르베는 그가 살던 시대의 풍경과 사람들을 자기가 본 그대로 그렸지. 쿠르베가 그린 바다 그림은 같은 풍경을 찍은 사진이랑 그리 다르지 않을 거야.

그렇게 보이지? 오른쪽 그림은 호지킨이란 화가가 그린 거다. 그는 물의 움직임과 수영의 감각을 표현하려고 했어.

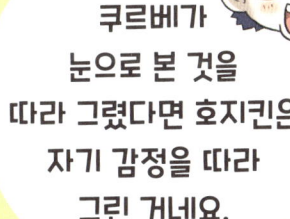

쿠르베가 눈으로 본 것을 따라 그렸다면 호지킨은 자기 감정을 따라 그린 거네요.

그림에서 먼가 격렬한 기운을 느꼈다면 너희들은 정말 훌륭한 감상자들이다!

## 시대에 따라 변화하는 예술

예전의 미술 작품들은 대상을 정확하게 표현하는 경향이 강했어. 하지만 19세기 중반에 새로운 그림 형태로 그림을 그리는 화가가 등장했어. 바로 '빛의 화가', '인상파의 아버지'라고 불리는 모네야. 모네의 작품들 중 아주 유명한 <수련> 연작이 있어. 모네는 사실적으로 묘사하는 방식이 아니라 연못에 피어난 수련이 바람에 일렁이는 물결에 따라 또 시시각각 변하는 햇빛에 따라 묘하게 색과 모양이 다르게 보이는 모습을 그렸지. 인상주의 화가들은 대상이 눈에 보이는 바로 그때의 상황에서 받은 느낌을 표현하는 화가들이었지.

<수련>

<수련 연못>

모네(1840~1926)

그대로 재현하는 것에서 다양하게 실험하는 방식으로 변화했구나.

18세기 산업 혁명 이후 사람들은 모두가 학교에서 비슷한 교육을 받고 살아가지. 공장에서는 똑같은 상품을 끊임없이 만들어 내고 미디어는 일방적으로 온갖 정보를 전달해. 이때 예술가들은 다양한 실험을 통해 자신만의 개성 있는 작품을 만들어 내지.
철학자 하이데거는 말했어.

예술의 본질은 모방이나 재현에 있는 게 아니다.
예술의 진리는 무엇보다도 사건을 일으키는 데에 있다.

평범한 물건을 예술로 만드는 것은 바로 작품을 감상하는 사람들의 해석이야. 그것이 꼭 진실은 아니더라도 말이야. 아래 작품들에서 무엇이 느껴지는지 감상해 보렴.

◀ 말레비치의 <절대주의 추상>
▼ 말레비치의 <검은 사각형>

## 낯설지만 새로워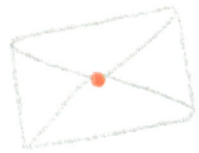

대회가 끝난 지 며칠이 지났는데도 고운이는 다름이와 말을 하지 않았어요.

"아직도 화가 난 거야?"

다름이가 고운이에게 다가와 물었어요.

"난 그냥 운이 좋았던 거야. 네가 더 잘 그렸는데 심사 위원들이 좀 이상한 걸 좋아하나 봐."

"넌 대상이라고 잘난 척이니?"

고운이도 다름이 잘못이 아니란 걸 알아요. 그래도 속상한 마음이 풀리지 않았어요.

"사실은……."

다름이는 고운이에게 말을 하려다 말고 책상 위에 무언가 두고

나갔어요.

고운이는 이런 자신에게 화가 났어요.

'왜 쓸데없이 다름이에게 신경질을 부리는 거야?'

속으로는 다름이에게 화낼 이유가 없다는 걸 알면서도 기분이 나아지지 않는 건 어쩔 수 없었어요. 고운이는 책상에 가만히 엎드렸어요.

그날 다름이는 무척 즐거워 보였고, 상에 대한 욕심도 없었어요. 오히려 상을 받지 못한 고운이를 위로하느라 애썼지요.

"다름이 잘못 아닌데."

고운이는 혼잣말을 했어요.

고개를 든 고운이 눈에 하얀 봉투가 보였어요. 조금 전 다름이가 두고 간 것이에요.

고운이는 봉투를 열었어요.

'프리버스-자유로운 영혼들의 축제'라고 써 있었어요. 내용을 자세히 보니 화가, 음악가, 조각가 등 예술 분야에서 활동하고 있거나 관심 있는 사

람들을 초대하는 내용이었어요.

고운이는 초대장을 책상에 툭 던졌어요.

그때 고운이 휴대폰이 울렸어요. 화면에는 할머니의 번호가 떠 있었어요.

"할머니."

"우리 고운이 잘 지내고 있니? 주말에 할머니 집에 올 수 있어?"

"다름이한테 물어보고요."

고운이는 할머니 전화를 끊고는 다름이 방으로 갔어요.

"너 주말에 할머니 집에 갈 수 있어?"

"야호, 나야 언제나 좋지."

다름이는 환하게 웃으며 좋아했어요.

학교 들어가기 전까지 고운이와 다름이는 할머니와 함께 살았어요. 부모님이 맞벌이를 하셔서 할머니가 고운이와 다름이를 돌봐 주셨거든요. 한 달에 한두 번은 할머니를 만나러 갔었는데 이번 달에는 한 번도 못 갔어요.

"이거 뭐야?"

고운이가 다름이에게 초대장을 내밀었어요.

"이번 대회 참가자들에게 보낸 초대장이래. 같이 갈래?"

"난 싫어."

고운이는 초대장을 다름이 손에 툭 올려 놓았어요.

그때 현관문이 열리고 엄마가 들어오셨어요.

"고운아, 할머니 전화 받았지?"

엄마는 들어서자마자 고운이에게 물었어요.

고운이는 고개를 끄덕였어요.

"회사 일이 많아서 전화만 드리고 가지를 못 했네. 이번 주말에 같이 갈까?"

엄마의 말에 다름이는 선뜻 좋다고 했어요.

"다름이 네 손에 있는 건 뭐야?"

엄마가 다름이 손에 있는 초대장을 받아 읽어 봤어요.

"어머, 잘됐네. 할머니 집에서 멀지 않은 곳이고."

엄마는 두 사람의 얼굴을 보며 조심스레 물었어요.

"나는 가고 싶은데……."

다름이는 고운이 쪽을 보며 말했어요.

"나는 별로야."

고운이는 그렇게 말하고는 방으로 들어갔어요.

"고운아."

엄마가 따라 들어오셨어요.

"고운이한테 좋은 경험이 될 것 같은데, 전시회나 공연 본다고 생각하고 가면 어떨까? 다름이는 가고 싶어하는 것 같은데."

"……."

"네 생각이 중요하지, 억지로 갈 필요는 없어."

엄마가 방에서 나가고 고운이는 휴대폰에 있는 사진들을 살펴보았어요. 그림 대회가 열리던 날 찍은 사진들이었어요. 역시나 다름이는 괴상한 표정을 지은 모습으로 가득했어요. 입을 크게 벌리거나 눈을 크게 뜨거나 손으로 얼굴을 가리거나 하는 웃긴 표정들뿐이었어요. 다름이 사진을 보고 있으려니 피식 웃음이 났어요.

'똑똑'

뒤에서 방문을 두드리는 소리가 들렸어요.

"누나, 정말 안 갈 거야?"

"으이구, 간다. 간다고!"

고운이는 다름이에게 소리를 질렀어요. 못 이기는 척 가기로 했지만 고운이도 그곳이 어떤 곳인지 조금은 궁금했어요.

주말이 되었어요. 고운이와 다름이는 엄마와 함께 행사장으로 출발했어요.

"어젯밤에 꿈도 꿨어. 전시장에 도착했는데 나랑 똑같은 사람들이 여러 명 있는 거야. 지난번 조각 공원에서 본 것처럼, 표정과 하는 행동만 다른 내가 말이야. 깜짝 놀라긴 했지만 꿈에서도 신기하고 재미있었어."

다름이는 무척 들떠 있었어요.

한참 다름이의 신난 목소리를 듣다 보니 어느새 행사장에 도착했어요. 아직 이른 시간이라 사람들이 별로 없었어요.

"입구부터 특이하네."

엄마가 주변을 둘러보며 말했어요.

행사장 입구에는 여러 가지 천이 길게 늘어져 있었는데 천에는

캔이 매달려 있어서 바람이 불 때마다 소리가 났어요.

안으로 들어가니 넓은 공터에 철과 끈으로 만든 조형물이 있었어요. 커다란 물고기 모양인데 몸통은 끈으로 공병을 엮어서 만들었어요. 고운이는 재활용품으로 만든 커다란 물고기가 제일 먼저 보이자 기분이 별로 좋지 않았어요.

'나라면 저렇게 큰 물고기를 금색이나 은색 비늘을 만들어서 전

시했을 텐데.'

커다란 금빛, 은빛 물고기가 햇볕을 받아 반짝거리면 정말 예쁠 것 같았어요.

"와, 물고기 엄청 크다. 물고기 몸에 우리가 먹는 음료수 병도 붙어 있어."

"넌 이게 멋있어?"

"응, 비가 오면 유리병 때문에 물소리가 날 것 같아서 좋은데."

"역시 넌 나와 닮은 데가 하나도 없어."

고운이는 고개를 흔들었어요.

"와, 전시관 좀 봐. 크기도 크고 이름이 특이하다."

다름이의 목소리가 커졌어요.

'동물들의 숲', '거울의 방', '꽃들의 기지개' 등 전시관에 이름이 붙어 있었어요.

고운이는 특이한 게 아니라 산만하다고 생각했어요. 어떤 전시를 하는지 무슨 공연을 하는지 제대로 알 수가 없었으니까요.

"오랜만이에요."

지난번 대회장에서 만난 심사 위원 아저씨가 다가와 인사를 했어요.

"이곳 어때요?"

"다 처음 보는 것들이라서 신기해요."

다름이가 주위를 둘러보며 말했어요.

"이곳은 다양한 작품들이 전시되어 있어요. 생각하는 것과 많이 다를 수도 있어요. 자유롭게 원하는 장소를 다니면 되는데, 혹시 내가 안내해 줘도 될까요?"

다름이가 좋다고 대답했어요.

"가장 궁금한 곳은 어디예요?"

다름이는 건물들에 쓰여 있는 이름을 살펴보더니 '동물들의 숲'을 보고 싶다고 했어요. 고운이는 '거울의 방'이라고 쓰여 있는 곳이 궁금했어요.

세 사람은 심사 위원 아저씨를 따라갔어요. '동물들의 숲' 전시관은 동그란 모양이었어요. 문을 열고 들어가니 길이 나 있고 길 옆에는 나무가 심어져 있었어요. 길을 따라 걸으니 움직일 때마다 소리가 들렸어요.

"새소리가 들려요."

다름이가 말했어요.

"자세히 들어 보면 다른 소리도 들릴 거예요."

아저씨의 말대로 귀를 기울이니 새소리, 물 흐르는 소리, 끽끽대는 소리들이 들렸어요.

"동물들의 숲인데 왜 동물은 보이지 않아요?"

고운이가 물었어요.

"보이는 게 전부는 아니니까요. 나무와 소리만으로도 우리는 동물들을 떠올릴 수 있죠. 도시에 동물들이 산다고 상상해 봐요. 함께 살아가려면 어떻게 해야 하는지도요."

다양한 울음소리 때문에 굉장히 많은 동물을 만난 기분이었어요.

동물들의 숲 전시관을 나오자 정말 숲에서 빠져나온 느낌이었어요. 밖에서는 안에서 들리던 물소리와 동물 소리가 들리지 않았으니까요.

"이제 가고 싶은 곳은요?"

"거울의 방이요."

고운이가 말했어요.

"거울의 방은 아주 재미있을 거예요."

거울의 방 전시관은 문이 여러 개 있었어요.

"이곳은 들어가는 문이 달라요. 각자 다른 문으로 들어가는 거죠. 어떤 문을 선택할 거예요?"

네모 모양의 거울의 방 전시관에는 문마다 거울이 붙어 있었어요. 거울 앞에 서자 고운이의 모습이 비

쳤어요. 네 사람은 서로 다른 문 앞에 섰어요. 고운이는 손잡이를 돌려 문을 열었어요.

왜 거울의 방인 줄 알겠어요. 문을 열 때마다 거울이 있고, 그림들이 보였어요.

"이게 뭐야?"

거울에 글이 쓰여 있었어요.

"그리고 싶은 그림을 그려 보세요."

고운이가 거울에 손을 대자 거울이 검은색으로 변했어요. 손가락으로 동그라미를 그렸더니 흰색의 동그라미가 나타났어요. 손

바닥으로 지웠더니 사라졌고요.

"와, 신기하다. 어떻게 이렇게 되는 거지?"

고운이는 천천히 눈사람을 그렸어요. 노란 눈사람, 작은 눈사람, 코가 큰 눈사람을 그리다 보니 어느새 화면이 가득 찼어요.

시간이 지나자 검은 화면이 사라지고 다시 거울이 나타났어요. 거울에 고운이 모습이 비쳤어요. 고운이는 조금 놀란 것 같은 표정을 하고 있었어요. 고운이는 거울을 들여다보며 손을 흔들었어요. 거울 속의 고운이도 손을 흔들었어요. 이번에는 입을 크게 벌렸어요. 거울 속의 고운이도 입을 크게 벌렸어요.

"내가 뭘 하고 있는 거야? 다름이 흉내 내는 것도 아니고."

빛을 따라 옆으로 걷다 보니 이번에는 쓰레기로 가득한 놀이터 그림이 보였어요. 환하고 예쁜 것을 좋아하는 고운이는 이런 그림을 보고 싶지 않았어요.

지저분한 것이 싫어서 거울에 손을 대고 손가락으로 쓰레기가 그려진 곳을 지우자 쓰레기가 사라졌어요. 손가락으로 문지르면 그림이 지워졌고 마음대로 다시 그릴 수도 있었어요. 쓰레기가 사라지자 놀이터만 덩그러니 남아 있었어요. 고운이는 아이들을 그

렸어요. 그림은 지저분한 놀이터에서 아이들이 신나게 놀고 있는 곳으로 바뀌었어요. 그림을 그리면서 기분이 좋아졌어요.

그림을 다 그리고 옆으로 가니 문이 있었어요. 전시관 밖으로 나오는 문이었어요. 고운이는 조금 아쉬운 기분이 들었어요. 다름이와 엄마, 아저씨는 벌써 나와 있었어요.

"거울에 손 대 봤어? 대박이야!"

고운이를 보자 다름이가 흥분해서 말했어요.

"왜 이런 행사를 하는 거예요?"

고운이가 심사 위원 아저씨에게 물었어요.

"우리가 사는 곳이 더 아름다워지기를 바라기 때문이에요."

"아름다워지기를 바라는데 왜 지저분하고 괴상한 것들을 전시해요?"

고운이는 입구에서 본 커다란 물고기를 떠올리며 물었어요.

"아름다움이 뭐라고 생각해요?"

"예쁘고 좋은 것이요."

고운이는 평소에 생각한 것을 말했어요.

"낡고 버려진 것들은 아름답지 않을까요?"

심각한 표정으로 있는 고운이에게 아저씨가 웃으며 말했어요.

"이제 다른 곳으로 가 볼까요?"

다름이가 기지개 켜는 흉내를 내며 앞장섰어요.

'꽃들의 기지개'는 앞선 전시관들처럼 미로같이 된 곳은 아니었어요. 세모난 건물은 겉에서 보는 것보다 훨씬 넓었어요. 안에는 다양한 재료들이 가득 있었어요.

"이곳은 여러분도 예술가가 되어 보는 곳이에요. 다양한 재료를 이용해서 작품을 완성하는 곳이지요. 이곳에서 만든 작품은 저곳에 두면 돼요."

나뭇가지, 천, 비닐, 돌멩이, 종이 등 평소에 보던 재료들도 있고 페인트, 스티로폼 등 자주 사용하지 않는 재료들도 있었어요.

다름이는 달려가서 크기가 다른 돌멩이를 나란히 세웠어요. 그러더니 큰 돌멩이 위에 작은 돌멩이를 올리고 천으로 감쌌어요.

"무얼 만드는 거야?"

고운이는 거침없이 재료를 모아 작품을 만드는 다름이를 보며 물었어요.

"짜잔!"

얼마 후 다름이의 작품이 완성됐어요.

"제목은 돌멩이 가족!"

비닐로 머리카락을 만들고, 종이에 얼굴 표정을 그려 완성한 작품은 제법 그럴듯해 보였어요.

'이렇게 해도 작품이 된다고?'

고운이는 다름이가 꽤 잘 만들었다고 생각했어요.

"가져갈 수는 없나요?"

다름이가 물었어요.

"이곳에 모인 작품은 필요한 곳에 전시를 하거나 설치할 거예요. 여러분이 만든 작품이 필요한 곳에 쓰이는 거예요."

"우아! 근사해요."

다름이가 소리를 질렀어요. 그러더니 천 가방에서 중고 물품 가게에서 산 놋그릇을 꺼냈어요.

"이거 여기다 두고 갈래요. 누군가 이 놋그릇을 이용해 멋진 작품을 완성하면 좋겠어요."

인문철학 왕 되기

# 감동과 공감이 곧 아름다움이지!

고흐 〈감자 먹는 사람들〉

고흐 그림이 어두워서 사람들이 뭘 하는지 잘 보이지 않고 별로 눈여겨보고 싶은 생각도 안 들어요.

그래도 고흐가 그렸다잖아. 난 좀 더 살펴봐야겠어요!

암튼…… 눈에 띄는 그림은 아니지만 이 그림은 뭔가 마음을 울리는 게 있어요. 보고 있으면 정말 찐 감자 냄새가 솔솔 퍼지는 것 같고요.

꼭 아름다운 풍경이나 사람을 그려야 그림이 아름다운 건 아닌 것 같아요. 고흐의 <감자 먹는 사람들>은 마음을 움직이잖아요. 그런 게 바로 아름다운 그림 아닐까요?

지혜다운 지혜로운 말이구나! 맞다. 화려한 궁전이나 푸른 숲, 비너스 여신같이 아름다운 대상을 그려야 꼭 아름다운 그림이 되는 건 아니지. 낡은 집이나 황폐한 땅을 그려도 감동을 줄 수 있단다. 그리고 우리에게 깊은 울림을 주는 그림이라면 그 그림은 아름다울 거다.

# 소쌤의 창의특강

## 많은 사람들이 함께 즐기는 공공 미술

미술관이나 전시장 외에도 도시 곳곳에 예술을 즐길 수 있는 매력적인 공간들이 많아. 이를 공공 미술이라고 해. 보통 일반 대중을 대상으로 공개된 장소에 설치·전시하는 작품을 말해. 도시에 마련된 공공 미술을 같이 둘러보자고.

<서울은 미술관> 공공 미술 프로젝트는 '서울의 도시 전체가 미술관이 된다.'는 취지로 시작되었어. 시민과의 교감과 친밀감 형성을 위함이었지.

아래 사진은 <서울은 미술관> 프로젝트의 1호 작품인 <윤슬: 서울을 비추는 만리동>이야. 이 작품에는 지면 아래 4m 깊이로 움푹 들어간 공간이 있어. 관람객들이 작품 안으로 들어가면 빛이 환하게 부서지는 환상적인 느낌을 받을 수 있지.

<윤슬: 서울을 비추는 만리동> 작품 설치 모습

<홍제유연>은 50년간 방치된 유진 상가 지하를 예술 공간으로 만들어 낸 거야. 건물을 받치는 기둥 사이로 물이 흐르고 설치 미술, 사운드 아트, 미디어 아트 등 8개의 작품이 설치되어 있어.

이렇게 멋진 작품이 도시 곳곳에 있다고?

<홍제유연> 내부 모습

**<서울은 미술관> 프로젝트의 목표는 공공 미술이 도시와 시민의 일상 속에서 함께 살아 숨 쉬게 만드는 거야.** 빽빽한 빌딩 숲과 수많은 사람이 있는 서울 속에서, 공공 미술은 잊고 있었던 지역의 기억을 되살리면서 시민이 함께 예술을 향유하고 즐길 수 있도록 하지.

풍부한 상상력과 열린 마음을 중요시하는 예술은 틀에 박힌 생각을 싫어해. 그래서 예술가는 자유롭게 새로운 시도를 하면서 관객들에게 어떤 메시지를 전달하지. 이것이 바로 낡은 일상 용품이나 익숙한 장소도 멋진 예술이 되는 까닭이야.

## 우리는 예술가

　행사장에서 나온 후 고운이는 말이 없었어요. 다름이가 금방 작품을 만든 것과 달리 고운이는 아무것도 완성하지 못했거든요. 재료들만 만지작거리다 시간만 보냈어요. 다름이는 대충 하는 것 같았지만 완성된 작품은 솔직히 근사했거든요. 어울리지 않을 것 같은 재료들을 가지고도 무엇인가 만들 수 있다는 것이 부러웠어요.

　고운이는 이래저래 다름이가 부러우면서도 심란했어요. 다름이는 고운이의 속도 모르고 콧노래를 불렀어요. 엄마는 차를 몰아 할머니 댁으로 향했어요.

　한 시간 정도가 지나자 할머니 댁의 모습이 보였어요.

　"할머니?"

대문 안으로 들어서며 할머니를 부르자 창고에서 할머니가 나오셨어요.

"할머니, 창고에서 뭐하고 계셨어요?"

다름이가 여쭤보았어요.

"이런저런 물건들이 많아서 정리 좀 하려고."

"저희가 도와드릴게요."

"아니다, 나중에 치우면 돼."

할머니가 말렸는데도 고운이와 다름이는 창고로 들어갔어요.

"할머니, 창고는 처음 들어와 봐요."

창고 안에는 상자가 많았어요.

"할머니, 여기 저희 이름이 써 있어요."

상자 하나에 고운이와 다름이 이름이 써 있었어요.

"너희들이 썼던 물건 담아 놓은 거야."

"열어 봐도 돼요?"

다름이는 할머니의 대답을 기다리지 않고 상자를 열었어요.

상자 안에는 장난감과 천 가방이 들어 있었어요.

**"어, 이거 누나 가방이네."**

다름이가 천 가방을 꺼내 보여 주었어요.

"할머니, 이 가방이 왜 여기 있어요?"

"네가 전에 두고 간 건데. 기억 안 나?"

고운이는 그제야 밤 주우러 갔다 넘어지는 바람에 가방이 찢어져서 두고 갔던 게 떠올랐어요.

"전 잃어버린 줄 알았어요. 죄송해서 얘기도 못 하고."

고운이가 작은 소리로 말하자 할머니는 신경 쓰지 말라고 하셨어요.

"누나, 이거 생각나?"

다름이가 고운이를 향해 강아지 장난감을 흔들었어요.

"당연히 생각나지. 서로 내가 가지겠다고 싸우다가 꼬리가 부러졌잖아."

고운이 말대로 강아지 꼬리는 부러져 있었어요.

"너 그때 완전 말썽꾸러기였어. 무조건 따라 하려고 하고, 마음대로 안 되면 울고."

고운이가 다름이를 보며 놀리자 다름이는 생각 안 난다고 시치미를 뗐어요. 상자에는 블록, 태엽을 감아 주면 움직이는 인형, 건반을 누르면 소리가 나는 피아노 등 고운이와 다름이가 가지고 놀던 장난감들이 들어 있었어요.

"할머니, 이거 왜 버리지 않고 가지고 있어요?"

고운이가 물었어요.

"버리려고 했는데, 볼 때마다 어릴 적 너희들이 생각나서 못 버리겠더라."

이제는 낡고 망가져서 쓸모가 없어진 물건들인데 할머니에겐 소중한 물건이었던 거예요.

"와, 여기 우리 옷도 있어."

다름이가 천 가방을 열자 고운이와 다름이가 어릴 적 입었던 옷들이 들어 있었어요.

"이게 아직도 있네."

어느새 따라 들어온 엄마도 한마디 하셨어요.

고운이가 갓난아기 때 입던 옷이었어요.

"여기서 이러지 말고 안으로 가지고 가자."

할머니는 상자에서 천 가방을 꺼내 방으로 가져갔어요.

고운이와 다름이는 천 가방에 있는 물건들을 쏟아 하나씩 살펴보았어요.

"우리 발이 이렇게 작았나 봐."

작은 양말을 보며 다름이가 말했어요.

"우리 집에도 아기 때 입었던 옷 있는데."

"맞아, 그것도 할머니가 만들어 준 거라고 했잖아."

엄마는 고운이와 다름이가 태어났을 때 할머니가 만들어 준 옷을 보여 준 적이 있어요. 엄마가 가지고 있는 옷은 그거 한 벌인데 할머니는 더 많은 옷을 버리지 않고 있었던 거예요.

"이런 옷을 입고 있었을 때가 엊그제 같은데, 언제 이렇게 훌쩍 컸어."

할머니는 고운이와 다름이 손을 잡았어요.

"이것도 생각나."

고운이는 파란색 양말 두 켤레를 들고 흔들었어요.

이제는 맞지도 않는 작은 옷과 양말을 보며 모두 웃고 있었어요. 고운이는 미소 짓고 있는 할머니를 보며 할머니의 얼굴을 그려본 적이 없다는 생각이 들었어요.

"할머니 여기 보세요."

고운이는 휴대폰으로 할머니 얼굴을 찍었어요. 다름이와 엄마도 함께 찍었고요.

할머니와 엄마는 사용하지 않는 것들을 정리해서 버리기로 했어요. 고운이는 가져온 가방에서 스케치북을 꺼내 스케치를 시작했어요.

환하게 웃는 할머니 얼굴을 그렸어요. 색칠할 재료를 가져오지 않아서 연필로 스케치만 했어요.

"할머니, 이거 할머니가 다 만든 거예요?"

다름이 목소리가 들리자 고운이는 창고로 갔어요.

상자에는 할머니가 만든 손수건, 뜨개질한 목도리, 장갑들이 들어 있었어요.

밖으로 꺼내 보니 물건이 제법 많았어요.

"이제 버려야지, 낡고 유행도 지났고."

"할머니, 좋은 생각이 있어요. 버리기 전에 여기서 전시회를 하는 거예요."

다름이가 제안을 했어요.

"이거 버릴 건데 그냥 버리면 아쉽잖아요. 그러니까 다 꺼내 놓고 전시하는 거예요."

"관둬라. 이제 다 쓰레기인데."

고운이는 쓰레기라는 할머니 말에 거울의 방에서 본 놀이터 생각이 났어요.

"할머니, 그렇게 해요. 전시도 하고, 사진도 찍어요."

할머니는 마음먹은 김에 정리해서 당장 버리자고 하셨지만 고운이와 다름이가 부탁을 하자 결국 두 사람 생각대로 하기로 했어요.

"옷은 옷대로, 손수건은 손수건대로 모아 봐."

고운이가 다름이에게 말했어요. 고운이도 양말과 장난감들을 같은 종류끼리 모았어요. 바닥에 늘어놓으니까 방이 꽉 찼어요.

"나무에 걸어 놔도 예쁘겠는걸."

고운이는 옷을 들고 마당에 있는 나무에 걸었어요. 옷에 어울리는 양말도 걸어 놓았어요.

"나무에서 옷이 자라는 것 같네."

할머니가 고운이가 걸어 놓은 것을 보고 말씀하셨어요.

고운이는 나무에 있는 옷과 양말, 방에 놓여 있는 손수건들을 모두 찍었어요.

"할머니, 이건 제가 가져갈래요."

고운이는 물건들을 담았던 천 가방을 잡으며 말했어요.

"요즘 예쁘고 좋은 것 많은데 이건 뭐하려고."

"이 가방 예뻐요. 여기다 스케치북이랑 연필 가지고 다닐래요."

할머니는 고운이의 천 가방을 살펴보았어요.

"상자에 넣어 둬서 낡지는 않았는데 꿰맨 자국이 있어서. 여기다 뭐 하나 매달면 예쁠 것 같은데 뭐가 좋으려나."

할머니는 다른 상자에서 장식들을 찾기 시작했어요.

"할머니, 전 이거 달아 주세요."

고운이는 버리려고 내놓은 것 중에서 천으로 만든 해바라기 꽃을 찾았어요. 해바라기 꽃은 마당에도 피어 있는 할머니가 가장 좋아하는 꽃이에요.

할머니는 고운이의 천 가방에 해바라기 장식을 달아 주었어요.

"저는 이것 달아 주세요."

다름이는 자기 천 가방을 내밀며 비행기가 달려 있는 열쇠고리를 건넸어요.

할머니는 열쇠고리를 떼어 내고 쇠고리에 끈을 묶은 다음 가방에 꿰맸어요. 고운이의 가방에는 노란 해바라기가, 다름이의 가방에는 파란 비행기가 매달렸어요.

고운이는 버리려고 내놓은 물건 중에서 마음에 드는 것들을 골라 가방에 담았어요.

"그 물건들은 왜 담는 거야?"

"물건을 보니까 생각나는 것들이 있어서."

"예쁘고 새것만 좋아하더니 어쩐 일이야?"

다름이가 고운이에게 물었어요.

"아저씨가 한 말을 조금 알 것 같아서."

그러자 다름이도 천 가방에 이것저것 담기 시작했어요.

할머니와 고운이, 다름이는 필요한 물건들은 남기고 나머지는 상자에 담았어요.

"이건 버리기도 아깝네."

할머니는 자전거를 보며 말했어요.

"이건 녹슬고 고장 나서 타지도 못하는데."

다름이가 자전거를 살폈어요.

"너희 둘이 이 자전거를 타고 마당을 돌아다닐 때 제일 많이 웃었던 것 같아. 하루 종일 지치지도 않고 얼마나 열심히 타던지."

할머니의 말을 듣자 고운이와 다름이는 서로 마주 보며 고개를 끄덕였어요.

고운이와 다름이는 자전거를 마당에 세워 두었어요. 그리고 상자에서 자전거에 어울리는 물건들을 꺼냈어요.

작은 화분에는 흙을 넣어 천으로 만든 꽃을 꽂아서 자전거 아래에 두었어요. 동그란 플라스틱 공에는 얼굴을 그리고, 나뭇가지를 주워 옷을 입혔어요. 덩치가 큰 동물 인형은 자전거 뒷자리에 앉혔어요. 그랬더니 낡은 자전거는 아이와 동물을 태우고 어디론가 가는 것처럼 보였어요.

"제법 잘 어울리네."

할머니가 자전거를 보며 흐뭇해 하셨어요.

"뭐 좋은 일 있어? 웃음소리가 담 밖까지 들리네."

지나가던 할머니가 들어오셨어요.

"에그, 전시회장이 따로 없구먼."

이웃집 할머니는 마당에 있는 물건들을 둘러보셨어요.

"요거 보니 우리 손주들 생각나네."

한 명, 두 명 이웃들이 모여들어 할머니네 마당이 꽉 찼어요.

작고 오래된 물건들을 구경하며 옛날이야기를 하는 이웃들의 얼굴은 무척 행복해 보였어요.

"하늘 좀 봐."

다름이의 말에 고운이가 하늘을 올려다봤어요. 어느새 하늘은 노을로 붉게 물들었어요.

# 만일 나라면?

고운이와 다름이는 오래된 물건으로 전시회를 열었어. 아이디어가 좋은 것 같아.

그러니까. 나 같으면 쓸 만한 물건들만 골라서 벼룩시장에 가져갈 거야.

그러면 옛 추억이 사라지는 것 같은 기분이 들 텐데.

여러분은 할머니 집에서 여러분이 쓰던 오래된 물건들을 발견했다면 어떻게 하고 싶은가요?

.................................................................................................
.................................................................................................
.................................................................................................
.................................................................................................
.................................................................................................
.................................................................................................
.................................................................................................

예술은 평범한 공간을 색다르게 바꿀 수 있는 시도라고 할 수 있어. 예술의 세계에서는 늘 새로운 도전이 이루어진단다. 중고 물품 가게에서 다름이가 놋그릇을 고르거나 고운이가 할머니 댁에서 찾은 낡은 천 가방을 멋지게 변신시키려는 생각 역시 비슷한 시도지. 상상력을 발휘하면 모든 물건과 공간이 새로운 예술이 될 수 있겠지?

### 창의활동

**전시물에 이름 붙여 보기**

고운이와 다름이는 할머니 집의 창고에 있던 낡고 오래된 물건들로 '마당 전시회'를 열었습니다. 그런데 작품의 제목이 빠졌네요! 여러분이 전시물들에 어울리는 멋진 제목을 달아 주세요.

㉠ 나무도 추워요!

200만 부 판매 돌파!

AI 시대 미래 토론

✓ 뭉치북스가 만든 국내 최초 토론책!
✓ 초등 국어
✓ 한국디베이트협회와 교

| | | | |
|---|---|---|---|
| 01 함께 사는 로봇 | 12 과학 Cook! 문화 Cook! 음식의 세계 | 23 생태계의 파괴자? 외래 동식물 | 33 얼마나 작아질까? 어디까지 발달할까? 나노 기술과 첨단 세계 |
| 02 원시인도 모르는 공룡 | 13 과학을 훔친 수상한 영화관 | 24 쾅쾅쾅~ STOP!!! 우리나라도 위험해요. 소중한 물 | |
| 03 더 멀리 더 높이 더 빨리 스포츠 과학 | 14 끝없이 진화하는 무서운 전염병 | 25 오늘도 나쁨! 작아서 더 무서운 미세먼지 | 34 찾아라! 생명체가 살 수 있는 또 다른 별, 제2의 지구 |
| 04 까만 우주 속 작은 별 | 15 지구 온난화와 탄소배출권 | 26 식량 위기에서 인류를 구할 미래 식량 | 35 배울수록 더 강해지는 인공 지능 |
| 05 노벨도 깜짝 놀란 노벨상 | 16 먹을까? 말까? 먹거리 X파일 | 27 썩지 않는 플라스틱! 지구와 인간을 병들게 하는 환경 호르몬 | 36 창조론이냐? 진화론이냐? 다윈이 들려주는 진짜진짜 진화론 |
| 06 지켜라! 멸종 위기의 동식물 | 17 우리 몸을 흐르는 피와 혈액형 | 28 나와 똑같은 또 다른 나, 인간 복제 | |
| 07 도로시의 과학 수사대 | 18 진짜? 가짜? 가상현실과 증강현실 | 29 미래의 디지털 첨단 의료 | 37 모두모두 소중한 생명! 멈춰요 동물 실험 |
| 08 살아 있는 백두산 | 19 두근두근 신비한 우리 몸속 탐험 | 30 땅속 보물을 찾아라! 지하자원과 희토류 | 38 유해할까? 유용할까? 생활 속 화학 물질 |
| 09 콜록콜록! 오늘의 황사 뉴스 | 20 우리를 위협하는 자연재해 | 31 농사일부터 우주 탐사까지, 미래는 드론 시대 | 39 46억 년의 비밀, 생명을 살리는 지구 |
| 10 앗! 이런 발명가, 와! 저런 발명품 | 21 봄? 가을? 경계가 모호해지는 사계절 | 32 알쏭달쏭 미지의 세계, 뇌 | 40 과학자가 가져야 할 덕목, 과학자 윤리와 책임 |
| 11 아낄수록 밝아지는 에너지 | 22 세균과 바이러스 꼼짝 마! 약과 백신 | | |

# 공부다!

## 인재를 위한 과서

**과학토론왕** 40권 + 독후활동지 40권
전 80종 / 정가 580,000원

**사회토론왕** 40권 + 독후활동지 40권
전 80종 / 정가 580,000원

- 한우리 추천도서
- 경향신문 추천도서
- 경기도 초등토론 교육연구회 추천
- 경기도 지부 독서 골든벨 선정도서
- 환경정의 어린이 환경책 권장도서
- 한국 아동문학인협회 우수도서
- 학교도서관 사서협의회 추천도서

서 선정 도서!  ✅ 활용 만점 독후 활동지 각 권 제공!
문가들이 강력 추천한 책!

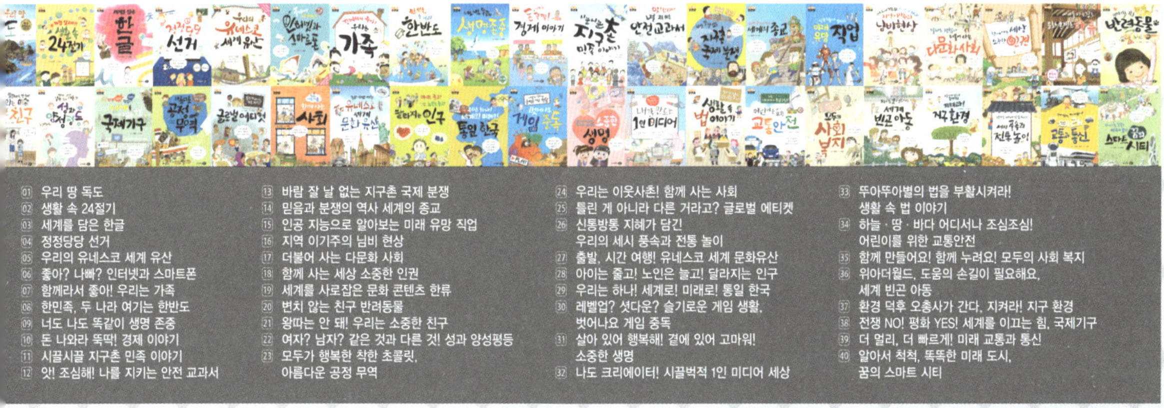

| 01 우리 땅 독도 | 13 바람 잘 날 없는 지구촌 국제 분쟁 | 24 우리는 이웃사촌! 함께 사는 사회 | 33 뚜아뚜아별의 법을 부활시켜라! |
| 02 생활 속 24절기 | 14 믿음과 분쟁의 역사 세계의 종교 | 25 틀린 게 아니라 다른 거라고? 글로벌 에티켓 | 생활 속 법 이야기 |
| 03 세계를 담은 한글 | 15 인공 지능으로 알아보는 미래 유망 직업 | 26 신통방통 지혜가 담긴 우리의 세시 풍속과 전통 놀이 | 34 하늘 · 땅 · 바다 어디서나 조심조심! 어린이를 위한 교통안전 |
| 04 정정당당 선거 | 16 지역 이기주의 님비 현상 | 27 출발, 시간 여행! 유네스코 세계 문화유산 | 35 함께 만들어요! 함께 누려요! 모두의 사회 복지 |
| 05 우리의 유네스코 세계 유산 | 17 더불어 사는 다문화 사회 | 28 아이는 줄고! 노인은 늘고! 달라지는 인구 | 36 위아더월드, 도움의 손길이 필요해요, 세계 빈곤 아동 |
| 06 좋아? 나빠? 인터넷과 스마트폰 | 18 함께 사는 세상 소중한 인권 | 29 우리는 하나! 세계화! 미래로! 통일 한국 | |
| 07 함께라서 좋아! 우리는 가족 | 19 세계를 사로잡은 문화 콘텐츠 한류 | 30 레벨업? 섯다운? 슬기로운 게임 생활 | 37 환경 덕후 오종사가 간다, 지켜라! 지구 환경 |
| 08 한민족, 두 나라 여기는 한반도 | 20 변치 않는 친구 반려동물 | 31 살아 있어 행복해! 곁에 있어 고마워! 소중한 생명 | 38 전쟁 NO! 평화 YES! 세계를 이끄는 힘, 국제기구 |
| 09 너도 나도 똑같이 생명 존중 | 21 왕따는 안 돼! 우리는 소중한 친구 | | 39 더 멀리, 더 빠르게! 미래 교통과 통신 |
| 10 돈 나와라 뚝딱! 경제 이야기 | 22 여자? 남자? 같은 것과 다른 것! 성과 양성평등 | 32 나도 크리에이터! 시끌벅적 1인 미디어 세상 | 40 알아서 척척, 똑똑한 미래 도시, 꿈의 스마트 시티 |
| 11 시골 지구촌 민족 이야기 | 23 모두가 행복한 착한 초콜릿, 아름다운 공정 무역 | | |
| 12 앗! 조심해! 나를 지키는 안전 교과서 | | | |

문화체육관광부 우수교양도서
서울시 교육청 추천도서
경기도 사서협의회 추천도서
한국교육문화원 추천도서
아침독서 추천도서

100만 부 판매 돌파!

# 수학이 쉬워지고, 명작보다 재미있는
# 뭉치수학왕

정부 기관 선정 **우수 도서**임을 많이 수상한 믿을 수 있는 시리즈!

**뭉치 수학왕** 시리즈는 미래의 인재로 키워 줘!

## "인공지능(AI) 시대의 힘은 수학에서 나온다!"

### 개념 수학

**〈수와 연산〉**
1. 양치기 소년은 연산을 못한대
2. 견우와 직녀가 분수 때문에 싸웠대
3. 가우스, 동화 나라의 사라진 0을 찾아라
4. 가우스는 소수 대결로 마녀들을 물리쳤어
5. 앨런, 분수와 소수로 악당 히들러를 쫓아내라
6. 약수와 배수로 유령 선장을 이긴 15소년

**〈도형〉**
7. 헨젤과 그레텔은 도형이 너무 어려워
8. 오일러와 피노키오는 도형 춤 대회 1등을 했어
9. 오일러, 오즈의 입체도형 마법사를 찾아라
10. 유클리드, 플라톤의 진리를 찾아 도형 왕국을 구하라
11. 입체도형으로 수학왕이 된 앨리스

**〈측정〉**
12. 쉿! 신데렐라는 시계를 못 본대

13. 알쏭달쏭 알라딘은 단위가 헷갈려
14. 아르키는 어림하기로 걸리버 아저씨를 구했어
15. 원주율로 떠나는 오디세우스의 수학 모험

**〈규칙성〉**
16. 떡장수 할머니와 호랑이는 구구단을 몰라
17. 페르마, 수리수리 규칙을 찾아라
18. 피보나치, 수를 배열해 비밀의 방을 탈출하라
19. 비례배분으로 보물섬을 발견한 해적 실버

**〈자료와 가능성〉**
20. 아기 염소는 경우의 수로 늑대를 이겼어
21. 파스칼은 통계 정리로 나쁜 왕을 혼내 줬어
22. 로미오와 줄리엣이 첫눈에 반할 확률은?

**〈문장제〉**
23. 개념 수학-백점 맞는 수학 문장제①
24. 개념 수학-백점 맞는 수학 문장제②
25. 개념 수학-백점 맞는 수학 문장제③

### 융합 수학
26. 쌍둥이 건물 속 대칭축을 찾아라(건축)
27. 열차와 배에서 배수와 약수를 찾아라(교통)
28. 스포츠 속 황금 각도를 찾아라(스포츠)
29. 옷과 음식에도 단위의 비밀이 있다고?(음식과 패션)
30. 꽃잎의 개수에 담긴 수열의 비밀(자연)

### 창의 사고 수학
31. 퍼즐탐정 쎌렁홈즈①-외계인 스콜피오스의 음모
32. 퍼즐탐정 쎌렁홈즈②-315일간의 우주여행
33. 퍼즐탐정 쎌렁홈즈③-뒤죽박죽 백설 공주 구출 작전
34. 퍼즐탐정 쎌렁홈즈④-'지지리 마란드러' 방학 숙제 대작전
35. 퍼즐탐정 쎌렁홈즈⑤-수학자 '더하길 모테'와 한판 승부
36. 퍼즐탐정 쎌렁홈즈⑥-설국언차 기관사 '어러도 달리능기라'
37. 퍼즐탐정 쎌렁홈즈⑦-해설 및 정답

### 수학 개념 사전
38. 수학 개념 사전①-수와 연산
39. 수학 개념 사전②-도형
40. 수학 개념 사전③-측정·규칙성·자료와 가능성

### 독후 활동지

본책 40권 + 독후 활동지 7권
정가 580,000원